Viktor E. Frankl

Kraft aus der Tiefe

VIKTOR E. FRANKL

KRAFT AUS DER TIEFE

Mit Sinnimpulsen von Inge Patsch

Tyrolia-Verlag · Innsbruck-Wien

INHALT

VORWORT

Am 2. September 2022 jährt sich der Todestag von Viktor Frankl zum 25. Mal. Aus der Idee, zu diesem Anlass 25 Sinnimpulse zu schreiben, ist dieses Büchlein entstanden.

Zwischen dem Geburtstag und dem Sterbetag steht auf Grabsteinen ein Gedankenstrich. „Es kommt nicht darauf an, wie viel Zeit man auf der Erde lebt, sondern wie viel man aus dem Gedankenstrich macht." Dieser Gedanke von Joan Erikson brachte mich auf die Idee, aus dem Werk von Viktor Frankl einiges auszuwählen und mit Menschen zu teilen, die an der Existenzanalyse und Logotherapie interessiert sind. Viktor Frankl hat sehr viel aus seinem „Gedankenstrich" gemacht und ich hatte das Glück, mit seiner Lehre mein Leben zu bereichern.

Vielleicht ermöglicht einiges aus dem Inhalt dieses Buches, Ihren persönlichen „Gedankenstrich" anders zu sehen als bisher. Mit mehr Wohlwollen und weniger Vorwürfen, mit mehr Lebensfreude und weniger Empörung – eben mit mehr „Trotzdem".

Oft habe ich mich in Gedanken bei Viktor Frankl für seine Sinnlehre – die Logotherapie und Existenzanalyse – bedankt. Bei manchen Texten habe ich empfunden, er findet Worte für das, was ich in mir wahrnehme und wofür ich selbst keine Sprache gefunden habe. Im Lesen seiner Bücher und in den Vorträgen meines Lehrers Günter Funke erlebte ich ständige „AHAs“. AHA-Erlebnisse sind Ereignisse im Inneren, in denen man viel Zuspruch zum persönlichen Empfinden erlebt. Meine Freiheit habe ich geahnt, doch ich wusste nicht, wie ich sie leben kann, ohne ständig belehrt zu werden oder anzuecken. Mir war nicht bewusst, dass mich nicht die Regeln der Welt beflügeln, sondern die Kraft, die aus der Tiefe des Lebens kommt.

Im Streben nach einem möglichst stressfreien Leben haben viele den Sinn für die Realität und den Sinn für das Tragische verloren. Der tragische Optimismus prägt das Menschenbild der Logotherapie und das bedeutet, dass bei aller Zuversicht das Unvorhersehbare und das Schwere seinen Raum bekommt. Ich bin überzeugt, dass die „Trotzdem-Samen“ in mir angelegt waren. Doch ohne Menschen, die mich ins Leben begleitet haben, und ohne geistige Verbundenheit mit anderen wären diese Samen verkümmert. Mithilfe der Logotherapie wurde ich fähig, Fragen zu beantworten, die mir das Leben stellt, und deshalb wurde sie für mich zu keiner Befolgungs-, sondern zu einer Befreiungslehre.

Inge Patsch

1

„Das große Heilmittel für die seelische Not dieser Zeit ist das Vertrauen!“

VERTRAUEN KÖNNEN

Vertrauen fordert uns zum Menschsein heraus. Vertrauen entzieht sich der Machbarkeit. Die Fähigkeit, zu vertrauen, ist die Grundlage unserer Begegnungsfähigkeit. Dazu sind nicht nur Intuition und Zuversicht nötig, sondern die Erkenntnis, dass wir Vertrauen nicht mit Sicherheit verwechseln dürfen. Sicherheit verlangt messbare Fakten, die beweisbar sind.

Vertrauen ist die innere Gewissheit, Gutes zu erwarten, und die Überzeugung, sich auf jemanden verlassen zu können. Diese innere Überzeugung – die Kraft aus der Tiefe des Lebens – können wir nicht in beweisbare Argumente pressen. Es gibt dafür auch kein Rezept! Dieses Heilmittel wächst besonders dort, wo ich dem Leben intensiver vertraue als einem Rezept.

Vertrauen ist eine Kraft, die dem Lebendigen und der Zuversicht dient. Die Erinnerung an bewältigte Herausforderungen nährt Vertrauen: An meine ersten Gehversuche kann ich mich nicht erinnern, doch an das erste Mal, als ich allein im tiefen Becken geschwommen oder allein mit dem Zug gefahren bin. Vertrauen beginnt mit der Bereitschaft, mutig zu sein, und beschenkt mit dem

Erlebnis, etwas bewältigt zu haben, was nicht leicht gewesen ist.

Der Ursprung des Vertrauens liegt im Leben selbst, denn am Beginn meines Lebens haben andere wesentlich zu meinem Gedeihen beigetragen. Die Erinnerung daran ist für mich der Nährboden für das große Heilmittel Vertrauen, welches in seelischen Nöten Hoffnung und Zuversicht schenkt.

2

„Die Logotherapie ist keine universelle Antwort und kein Heilmittel. Es gibt überhaupt keine universellen Allheilmittel.“

AUF LEBENSFRAGEN ANTWORTEN

Die Theorie der Logotherapie lieferte mir keine Antworten, sondern konfrontierte mich mit Lebensfragen. Auf diese Weise empfand ich mich nicht mehr als „verkehrt“, weil ich bestimmten Bildern, die manche von mir hatten, nicht entsprochen habe. Anstatt konform zu sein, widmete ich mich jenen Fragen, die mir das Leben gestellt hat. Ich erlebte in der Sinnlehre von Viktor Frankl eine geistige Heimat, die ich nur schwer erklären kann. Am ehesten ist es eine vertrauensvolle Gewissheit, dass ich fähig sein werde, den Herausforderungen in meinem Leben, von denen ich heute noch nichts weiß, mit Gelassenheit und Zuversicht zu begegnen.

Kurze Zeit, nachdem mich die Sinnlehre von Viktor Frankl in ihren Bann gezogen hatte, konnte ich mir mein Leben ohne Logotherapie nicht mehr vorstellen. Sämtliche Bücher von ihm habe ich mehrmals gelesen und mich gewundert, warum ich trotz wiederholter Lektüre und gelb markierter Textstellen vieles vergessen hatte. Dabei hatten mich diese Gedanken schon einmal berührt. Ich sehe dies als eine Aufforderung, mich immer wieder neu mit den Inhalten der Logotherapie zu befassen, Standpunkte zu verändern, Vorurteile abzubauen. So ähnlich wie alte Häuser abgetragen werden, um sie woanders wieder zu errichten. Das Abtragen geschieht allmählich und das Aufbauen auch. Außergewöhnlich ist, dass Frankls Sinnlehre ohne Rezept auskommt und persönliche Freiheit in Verbindung mit Verantwortung aufleuchten lässt.

Allmählich

Veränderungen geschehen allmählich
nicht jetzt
Jetzt ist der Wunsch
Die Sehnsucht
Ein Gedanke
Veränderungen beginnen
als Steinchen in meinem Schuh
als Stein über den ich stolpere
als Felsbrocken den ich überwinde
als Fels den ich nicht überwinden will
weil es nicht mein Fels ist
Allmählich habe ich
meinen Wert erkannt
Allmählich lebe ich meine Werte
und erlebe
wie aus vielen Steinen
frisches Grün wächst
allmählich

3

Wollen wir eine Brücke schlagen
von Mensch zu Mensch -
und dies gilt auch von einer Brücke
des Erkennens und Verstehens -,
so müssen die Brückenköpfe eben nicht
die Köpfe, sondern die Herzen sein. “

BRÜCKEN BAUEN

Jede und jeder kennt eine Vielzahl von Brücken. Manche Brücken sind architektonische Wunderwerke mit einer Reihe von Pfeilern, je nachdem, wie groß die Strecke ist, die es zu überbrücken gilt. Ist es ein Bach, dessen Ufer man verbinden will, gibt es Bogenbrücken, die ohne Pfeiler auskommen. In diesem Fall wird von beiden Ufern gebaut, bis man sich in der Mitte trifft.

Die Brückenköpfe sind das Du und das Ich. Das Ich ist für den Bau des eigenen Brückenkopfes ebenso verantwortlich wie das Du. Die Steine, die zum Bau verwendet werden, bestehen aus persönlichen Fähigkeiten, Charaktereigenschaften, Interessen, Vorlieben, Verletzlichkeit, Selbstbewusstsein, Bildung und Herkunft. Daher kann es vorkommen, dass auf einer Uferseite bereits ein beziehbares Haus steht und auf der anderen Seite ein Rohbau. Manche Menschen, die bereits in ihrem Haus wohnen, möchten dem Gegenüber gerne helfen, sein Haus fertigzustellen. Sie wünschen dem anderen auch ein Heim zum Wohlfühlen und sie bemühen sich mit großem Engagement, der anderen Seite beim Bauen zu helfen. Die Verbindung wird jedoch nur gelingen, wenn beide an ihren Brückenköpfen bauen. Liebesfähigkeit, Vertrauen, Geduld, Hilfsbereitschaft, Toleranz und Humor sind wundervolle menschliche Fähigkeiten. Wundervoll sind sie aber nur dann, wenn diese beiden Seiten sie anwenden. Ansonsten entsteht auf einer Seite ein Maß an Belastung, an dem auch der gute Wille zusammenbricht. Dort, wo das Ich meint, nur das Du soll bauen, kann das Wir nicht entstehen.

4

„Wären alle Menschen vollkommen, dann wären alle einander gleich, jeder Einzelne durch einen beliebigen Vertreter also ersetzlich. Gerade aus der Unvollkommenheit des Menschen folgt aber die Unentbehrlichkeit und Unaustauschbarkeit jedes Einzelnen; denn der Einzelne ist zwar unvollkommen, aber jeder ist es in seiner Art."

EINZIGARTIG SEIN

Was bedeutet vollkommen sein? Eine Art von Benotung! Um Menschen mit der Auszeichnung vollkommen zu bewerten, brauchen wir einen Maßstab. Erst aufgrund einer bestimmten Norm können wir Vollkommenheit festlegen. Eine Norm gilt für technische Geräte, deren mechanische Leistungsfähigkeit in Watt gemessen werden kann, beim Menschen sind allenfalls Körpermaße messbar. Das Befolgen von Idealmaßen steht in unmittelbarem Zusammenhang damit, einem bestimmten Schönheitsideal zu entsprechen.

Menschliche Unvollkommenheit entspricht keiner Norm, sondern ist lebendige Vielfalt.

Einmaligkeit und Einzigartigkeit von Menschen sind ebenso wenig messbar und vor allem nicht vergleichbar wie die Vielfalt von Landschaften. Es mag Versuche geben, Menschen in verschiedene Kategorien einzuteilen, doch am Ende bleibt das Geheimnis Mensch immer noch ein Rätsel.

In der Unaustauschbarkeit des Einzelnen schlummert die Fülle menschlicher Vielfalt. Während einer gut zuhören kann, hat eine andere das Talent, Worte für komplexe Zusammenhänge zu finden. Während die eine wunderbare Bilder malt, spielt ein anderer

Klavier und berührt uns auf diese Weise mit dem Zauber dessen, was Menschen möglich ist. Wesentlich ist, sich eigener Fähigkeiten bewusst zu werden und so allmählich die Ecken und Kanten lieben zu lernen.

Mögen wir uns selbst, schätzen wir auch die Unentbehrlichkeit anderer und freuen uns über ihr Dasein. Unvollkommenheit zu akzeptieren, führt zum Mitgefühl für uns selbst und andere.

5

„Es ist viel einfacher und leichter,
zwischen Engeln und Teufeln
zu unterscheiden, als sich der Mühe
zu unterziehen, jedem einzelnen
Menschen gerecht zu werden.“

ÜBER DAS GUTE STAUNEN UND ÜBER DAS BÖSE TRAURIG SEIN

Es mag als intellektuelle Leistung gelten, zwischen Engeln und Teufeln zu unterscheiden. Doch fördert dieses Einteilen auch Menschlichkeit? Ist das Einteilen in Gut und Böse eine gute Grundlage für gelingende Beziehungen?

Gelernt habe ich, zwischen positiv und negativ zu unterscheiden, doch im Laufe meines Lebens habe ich erfahren, dass diese Lebenseinstellung überwiegend zum Zählen von Fehlern führt.

Der oben genannte Gedanke von Viktor Frankl mahnt mich, über meine Meinung nachzudenken. Wo ich ganz genau weiß, was jemand zu tun oder zu lassen hat, stelle ich mich über andere. Eine Begegnung auf Augenhöhe ist nicht mehr möglich.

Anstatt sofort mit einem „Ja, aber" auf den Standpunkt eines anderen zu reagieren, bemühe ich mich, die Meinung des anderen wohlwollend zu betrachten und mit einem „Ja, und dann?" nachzufragen.

Mir begegnen Menschen, deren Sichtweisen mir völlig fremd sind und mich so betroffen machen, dass ich sprachlos werde. Die Sprachlosigkeit in mir kenne ich gut und manchmal führt mich mein Schweigen in eine Welt, die mir bis dahin fremd gewesen ist. Schwierig wird es dort, wo nur einer bereit ist, etwas von einer anderen Seite zu betrachten, während der andere an seiner Meinung festhält.

Es wäre vermessen zu meinen, jedem Menschen gerecht werden zu können. Doch die Bereitschaft zu entwickeln, über ein altes Sprichwort nachzudenken, ist sinnvoll: „Jedes Ding hat drei Seiten, eine, die du siehst, eine, die ich sehe, und eine, die wir beide nicht sehen."

6

„Man pflegt zu sagen: ‚Umstände machen den Menschen.‘ Wenn das stimmt, dann wäre das Dasein zu einem bloßen Vorhandensein degradiert!“

FREI SEIN

Ein Roboter ist zum Vorhandensein degradiert. Die Funktionsfähigkeit hängt von seiner Programmierung und vom spezifischen Zweck ab. Der Roboter, der meinen Rasen pflegt, wurde von kreativen Menschen „zum Gehorsam getrimmt". Er fährt am Blumenbeet vorbei und mäht das Gras. Der wesentliche Unterschied zwischen mir und meinem Roboter ist neben der Fähigkeit, mich zu begeistern und zu freuen, meine Freiheit. Ich entscheide selbst, wofür ich meine Lebenszeit einsetze. Erzogen wurde ich allerdings zu einer „roboterähnlichen Gehorsamsfrau". In meinem Inneren wehrte sich ständig etwas gegen das Erfüllen-Müssen von Vorschriften.

Mit zwölf Jahren durfte ich den Großteil meiner Sommerferien bei Verwandten verbringen. Gleich beim ersten Abendessen sagte mir mein Onkel: „Ich möchte, dass du dich bei uns wohlfühlst, und deshalb sag ich dir, denke nicht an die Verhaltensregeln, welche dir deine Mutter mitgegeben hat. Ich wünsch dir und mir, dass wir eine fröhliche Zeit verbringen."

Mich erfüllt noch immer mit Dankbarkeit, dass mich mein Onkel in meiner Lebendigkeit gesehen hat. Diese Kraft, die aus der Tiefe kommt, versuche ich bei anderen Menschen wahrzunehmen und ermutige sie, diese zu leben. Das ist eine bereichernde Aufgabe!

Begegnen mir Menschen, die in mir mehr sehen als mein Vorhandensein oder meine Leistung, freue ich mich. Diese Augenblicke kann ich nicht festhalten, doch die Erinnerung wärmt. Hin und wieder schreib ich eine Karte oder einen Brief mit einem Dank für die Begegnung, über die ich mich gefreut habe.

7

„Durch dieselben Ereignisse wird der eine seelisch abgehärtet, während ein anderer ‚seelisch ausgebombt' wird. Ich weiß nicht, ob Sie schon davon gehört haben, dass ein Gewölbe, das baufällig ist, dadurch gestützt und gefestigt wird, dass man es belastet."

AN HERAUSFORDERUNGEN WACHSEN

In den letzten Jahren wurde ich einige Male mit der Aussage konfrontiert, es sei doch gut, dass ich krank geworden bin, sonst wäre vieles, was mir gelungen ist, nicht möglich gewesen. In der Sichtweise, Krankheit sei gut gewesen, um aus meinem Leben etwas zu machen, schwingt der Verdacht mit, dass ich ohne leidvolles Erleben nicht so viel geleistet hätte.

Körperliche Beschwerden haben mich seelisch abgehärtet und die „Trotzdem-Samen" wachsen lassen. Standhalten trotz widriger Bedingungen habe ich von mir selbst verlangt. Dabei war das einzige Standhalten manchmal, im Bett liegen zu bleiben. Manchmal war ich dem Aufgeben näher als dem Aufstehen. Ein wesentlicher Teil, der mich vor dem Aufgeben bewahrt hat, war eine wunderbare ärztliche Betreuung und der Leuchtturmmensch Viktor Frankl. In einer Nacht, die mich aufgrund der Schmerzen nicht schlafen ließ, stellte ich mir das harte Lager in der Baracke des Konzentrationslagers vor und trat meinem Selbstmitleid entgegen: „Du liegst wie auf Wolken gebettet, gut betreut und umsorgt im Krankenhaus, also hör auf, dich selbst zu bemitleiden." Die Erkenntnis, dass Selbstmitleid körperliche Schmerzen zur Unerträglichkeit steigert, weckte meinen Geist. Ich erkannte, dass Schmerzen erträglich sind, wenn ich darauf achte, wie ich mich bewege. Dann habe ich mich der Belastung des Nicht-schlafen-Könnens gewidmet. Ich entscheide, ob ich hadere oder nicht. Ich erinnerte mich an den Augenblick, wie Viktor Frankl mit der Unerträglichkeit im Konzentrationslager umgegangen ist. Er hat sich vorgestellt, er hält über das, was er erlebt, einen Vortrag in einem warmen Saal. Mit der Idee dieser Anregung habe ich mich gefragt: Worauf freue ich mich, wenn ich wieder gesund bin? Auf einen Ausflug auf die Rax, in die Bergwelt, die Viktor Frankl so geliebt hat, und auf Reinhard Mey, um ihn in einem Konzert in Berlin zu erleben! Beide Wünsche habe ich mir einige Zeit später erfüllt.

Außerdem haben mich die Erfahrungen meiner Kindheit gestärkt. Meine Mutter und meine Großeltern haben mir weder das Lernen in der Schule noch das Bewältigen von Enttäuschungen erspart. Sie haben mich mit Herausforderungen belastet, die sinnvoll gewesen sind, und dadurch ist mein Durchhaltevermögen gewachsen. Können hat auch mit Selbstachtung zu tun. Diese Selbstachtung kann man verlieren, wenn man nicht bereit ist, Verantwortung für sein Leben zu übernehmen.

Mir sind Menschen begegnet, welche durch Schicksalsschläge „seelisch ausgebombt“ wurden und nun nicht mehr fähig sind, dem Leben standzuhalten. Für sie habe ich großes Verständnis und wünsche ihnen, sie mögen Lichtblicke zwischen den Trümmern wahrnehmen und durch die Begegnung mit Menschen ermutigt werden. Von Menschen, die verständnisvoll und mitfühlend sind und darauf verzichten, gute Ratschläge zu erteilen.

8

„In diesen Zeiten der Krise wird immer auch schon eine neue Zeit geboren. Gerade in solchen Zeiten wird jeder Einzelne mit einer unerhörten, großen und schweren, aber herrlichen Verantwortung belastet: Von jedem Einzelnen hängt es ab, was aus dieser Zeit hervorgeht.“

KRISEN BEWÄLTIGEN

Im Blick zurück schlummert in allen Krisen, die ich erlebt habe, der leise Beginn von etwas Neuem. Doch mitten in der Krise, als nichts mehr so gewesen ist, wie es war, und sich die Welt ohne mich weiterdrehte, dachte ich nicht an eine neue Zeit.

Als ich mit fünfzig nach einem Jahr Krankenstand arbeitslos wurde, bemühte ich mich, das Alltägliche zu bewältigen. Viel weiter reichte weder meine Kraft noch meine Vorstellung. Erst im Bewältigen des ersten Schritts habe ich erfahren, dass sich der Weg unter meine Füße „schiebt". Diese Erfahrung kann ich nicht anhand einer To-do-Liste beschreiben, sondern eher mit einer Grenzerfahrung: Ich bin in einer Sackgasse gelandet und komme nicht weiter. Das war schwer! Das Große war für mich die Gelegenheit, anders zu denken, neue Ideen zu schmieden und zu überlegen, was mir trotz aller Einschränkungen möglich ist. Die herrliche Verantwortung habe ich ebenso erlebt wie die Kraft, die aus dem Mut zum ersten Schritt entstanden ist.

Am schwersten war für mich die Auseinandersetzung mit eigenen Vorstellungen und fremden Erwartungen. Ich landete immer wieder im Dilemma von wünschenswertem Wollen und unrealistischem

Sollen. Verständnis kam vor allem von Menschen, die mein Durchhaltevermögen gut gekannt haben. Sie freuten sich mit mir über die bewältigten Schritte, auch wenn diese minimal gewesen sind. Der Hinweis von einigen, ich möge weniger tun, als mir möglich ist, war wesentlich. Im Wenigen Zufriedenheit zu erleben, war Balsam für meine Seele.

9

„Das Leben selbst ist es, das dem Menschen Fragen stellt. Er hat nicht zu fragen, er ist vielmehr der vom Leben Befragte, der dem Leben zu antworten, das Leben zu verantworten hat.“

INSPIRATION BEREICHERT

Ich weiß noch genau, wo ich zum ersten Mal diesen Gedanken von Viktor Frankl gelesen habe. Ich saß im Zug von Innsbruck nach Wien, legte das Buch beiseite und blickte aus dem Fenster. Die Landschaft flog vorbei und in mir stand die Zeit still. Im ersten Moment habe ich diese Umkehrung, die mein Denken herausforderte, nicht verstanden. Dennoch ahnte ich etwas von diesem besonderen Zauber des Lebens, welches sich mit Fragen meldet. Im Moment, der einem Zeitraffer ähnelt, fiel mir eine Reihe von Lebensfragen ein und wie ich sie beantwortet habe. Gestaunt habe ich über die Fülle der Erlebnisse. Eines hatten diese Erinnerungen alle gemeinsam: Sie waren von Begeisterung, Lebensfreude und Dankbarkeit geprägt. Mir kam vor, als ob sich mein Leben wie von selbst in ein Bild aus vielen Puzzleteilen zusammenfügte. Tiefe Ruhe und Geborgenheit breitete sich in mir aus. Erklären kann ich dies nicht.

Um Fragen des Lebens zu erkennen, brauchen wir Intuition. Intuition ist eine Lebenskraft und sie entfaltet sich dort, wo ich mich vom Leben, von mir und meinen Ideen überraschen lasse und aufhöre, Pläne akribisch einzuhalten. Wer Fragen, die das

Leben stellt, wahrnehmen möchte, braucht seelische und geistige Offenheit.

Das bedeutet auch, zu erkennen, dass Gelingen und Misslingen zum Leben gehören. Manches verstehe ich erst im Blick zurück und manchmal hätte ich gerne klüger gehandelt. Was daraus entstanden wäre, weiß ich nicht, doch eines bin ich mir gewiss: Mir selbst hätte ich öfter vertrauen können.

10

„Was nottut ist, dass wir uns loseisen von einem veralteten Menschenbild, in dessen Rahmen wir in der Psyche des Menschen einen ‚Apparat' und ‚Mechanismus' sehen beziehungsweise im kranken Menschen etwas, das wir zu reparieren haben wie eine Maschine."

WIDER DAS MASCHINENDENKEN

Maschinen funktionieren auf Knopfdruck. Menschen sind lebendige Wesen, empfinden Freude und Schmerz und funktionieren nicht auf Knopfdruck. Das funktionale Maschinendenken hat dazu geführt, Menschen auf ihre messbare Leistung zu reduzieren. Die Folge ist nicht nur körperliche Überforderung, sondern seelische Erschöpfung. Anstatt das Empfinden ernst zu nehmen, wird Funktion verlangt ohne Bewusstsein für das Menschliche. Daher fehlt nicht nur der Widerstand gegen das funktionale Denken, sondern auch die Erkenntnis, dass wir unter dem Verlust von sinnstiftender Gemeinschaft leiden.

Der Fortschritt in der Medizin hat Großartiges bewirkt und vielen Menschen eine Lebensqualität ermöglicht, von der unsere Vorfahren nicht einmal träumen konnten. Bekommt ein Mensch eine neue Hüfte oder ein neues Kniegelenk, wird er nach einigen Tagen aus dem Krankenhaus entlassen. Bringen wir das Auto zum Service, holen wir es nach einigen Stunden mit neuen Bremsbelägen ab. Während das Auto sofort einsatzfähig ist, braucht der Mensch Zeit und ist herausgefordert, mit Schmerzen und Einschränkungen fertig zu werden. Kommt er nach

Hause, steht die unausgesprochene Erwartung im Raum, dass alles so weitergeht wie vorher. Wer dies selbst erfahren hat, hat auch Unverständnis, einsame Stunden und manchmal Verzweiflung erlebt. Dies alles kennt eine Maschine nicht. Wir brauchen eine neue Menschlichkeit und dazu gehört wesentlich, über Verluste zu trauern und sich am Gelungenen zu freuen.

11

„Die Schrittmacher konfrontieren uns mit Werten und Sinn, sie offerieren sie unserem Willen zum Sinn. Die Ruhestifter hingegen versuchen, uns von der Bürde jeder Sinnkonfrontierung zu entlasten."

ERLEBEN UND GESTALTEN

Die meisten sind der Ansicht, man sei besonders glücklich, wenn man nicht arbeiten muss, die Freizeit genießen und tun und lassen kann, was man will. Erlebniswerte, so nennt Viktor Frankl den Genuss, freie Zeit mit sportlichen Aktivitäten, Kultur und anderen Dingen zu füllen. Doch man erliegt einem tragischen Irrtum, wenn man meint, nur Erlebnisse tragen zu einem glücklichen Leben bei. Die Freude an Leistung bezeichnen wir in der Logotherapie mit dem Begriff schöpferische Werte. In diese Kategorie fallen nicht nur Tätigkeiten wie kochen, basteln, schreiben, malen und gemeinsames Gestalten, sondern auch berufliche Arbeit. Wir brauchen Erlebniswerte und schöpferische Werte. Wer sein Leben genau betrachtet, wird entdecken, dass es weitaus reicher und sinnvoller ist, als er angenommen hat. Vielleicht überraschen wir uns selbst, wenn wir in dem, was wir schon lange leisten, eine Art Segen entdecken, der unsere Selbstachtung stärkt.

Schrittmacher sind Menschen, die uns begeistern. Dagegen möchten uns Ruhestifter – im Sinne von Viktor Frankl – vor jedem Zuviel bewahren und ersticken Begeisterung schon im Keim. Schrittmacher ermutigen, dass sich Mühe lohnt, Ruhestifter entmutigen, weil sie darauf warten, dass das Glück an die Tür klopft und ihnen jemand die Verantwortung für ihr Leben abnimmt. Sie suchen Verbündete im Wartesaal ihrer nicht gelebten Werte. Das Wertvolle, für das es sich zu leben lohnt, kann uns niemand abnehmen. Ob es tatsächlich gelingt, bleibt immer ein Wagnis!

12

„Die Freiheit des Menschen und ihr zufolge die Verantwortlichkeit als das Wesen seines Daseins ist wieder in den Vordergrund zu rücken. Dann wird einmal die alte ‚Sachlichkeit' abgelöst werden von jener neuen Menschlichkeit, die unserem Zeitalter so nottut."

VERANTWORTUNGSFREUDE LEBEN

Neben der Würde des Menschen steht für Viktor Frankl die Freiheit im Zentrum seiner Sinnlehre. So wie ich ihn verstehe, lasse ich meine Würde aufleuchten, indem ich meine Freiheit lebe und dafür auch die Verantwortung übernehme.

Ich bin Mensch und nur dadurch menschlich, weil ich mich freuen kann *und* Schmerzliches empfinde. Will ich mein Menschsein leben und keine Sachlichkeit, unterscheide ich mich grundlegend von jeder Maschine und jedem Computer, weil ich nicht funktioniere. Allerdings wird die Zeit, in der wir leben, von funktionaler Machbarkeit und berechnender Kontrolle bestimmt.

Jene neue Menschlichkeit zu leben, die Freiheit und Verantwortung ebenso im Blick hat wie gemeinsame Interessen und Mitgefühl, Toleranz und Kompromissfähigkeit, Selbstachtung und Bescheidenheit, ist sinnvoll.

Menschen, die ihre Freiheit verantwortlich leben, eröffnen neue Räume und jeder Raum hat eine Grenze. Ein Mensch, der genügend Raum hat, kann Grenzen respektieren und sie gestaltend verändern.

Freiheit ohne Verantwortung verwandelt sich in Willkür. Im Sumpf der Willkür verwechseln einige Willkür mit Freiheit und ziehen andere mit. Menschlichkeit ist nicht vererbbar. Wir alle werden um unsere Menschlichkeit immer wieder neu kämpfen müssen.

Der Zuspruch, dass ich mein Leben ohne Wenn-Dann-Strategien sinnvoll bewältigen kann, hat mich innerlich befreit. Einfacher ist durch diese Erkenntnis mein Leben nicht geworden, doch mutiger, erfüllter und von großer Dankbarkeit erfüllt.

13

„Das Gefühl kann viel feinfühliger sein als der Verstand scharfsinnig."

BERÜHRBAR WERDEN

Wann unsere Empfindungsfähigkeit beginnt, kann wohl niemand mit Sicherheit feststellen. Jedenfalls bringt jedes Menschenkind die Empfindungsfähigkeit für diese Welt mit und aus vielen Geschichten über Erfahrungen am Lebensende wissen wir, dass das Empfinden das Letzte ist, was Menschen verlässt. Der Verstand kann durch Aufnahme von Information und Fakten zur Scharfsinnigkeit trainiert werden. Manche verwenden ihren Verstand dazu, Gefühle zu bewerten und damit bestimmte Empfindungen zu vermeiden. So wird Trauer immer öfter vermieden. Was übersehen wird: Die Fähigkeit, sich zu freuen, wird dadurch auch gemindert.

Die Sinnlehre von Viktor Frankl berührt mich seit vielen Jahren und ich staune dankbar, wie viele Begegnungen aus diesem Berührtsein entstanden sind. 1996 besuchte ich Viktor Frankl in Wien. Ich wollte mich bei ihm bedanken und brachte kein Wort heraus. Er fragte mich: „Wovor haben Sie Angst? Ich bin kein Guru!“ Dann kamen wir ins Gespräch und ich bin bis heute froh, dass ich meiner Feinfühligkeit mehr vertraut habe als meinem scharfsinnigen Verstand. Der hatte mir nämlich geraten, nicht zu läuten, da es unhöflich sei, unangemeldet Viktor Frankl zu besuchen.

Als ich am 2. September 1997 die Nachricht von seinem Tod im Radio hörte, war ich im Auto unterwegs. Ich suchte mir einen Parkplatz, ließ meine Tränen fließen und erinnerte mich dankbar an meine persönliche Begegnung mit ihm.

Feinfühlig und sensibel zu sein, hat weniger mit Wissen zu tun, sondern mit Offenheit, sich berühren zu lassen.

14

„Viele kranken an einer Überbetonung, am Zu-wichtig-Nehmen des Lust-Unlust-Vorzeichens allen Erlebens. Was dieser zugrunde liegt, ist aber nichts anderes als eine Flucht vor der Unlust im Leben.“

LUST UND UNLUST

Der Wohlstand in unserem Land hat dazu geführt, dass Menschen nicht nur selbstbestimmt leben, sondern viel zu ihrem persönlichen Wohlbefinden beitragen können. Lebensfreude und Lust gehören dazu, allerdings liegt zwischen diesen beiden ein Berg, den es zu beachten gilt, sofern man nicht im Niemandsland zwischen Lust und Unlust vegetieren möchte. Der Berg hat verschiedene Namen: Wertberührung, Herausforderung, Mühe, Durchhaltevermögen. Die Wertberührung ist in der Logotherapie eine besondere Zutat für ein sinnvolles Leben.

Um die Wertberührung zu verdeutlichen, eignet sich das konkrete Beispiel Bergsteigen, weil Viktor Frankl begeisterter Alpinist gewesen ist. Es gibt Menschen, die von der Schönheit der Berge berührt sind. Wer die Mühe auf sich nimmt, einen Berg zu besteigen, wird am Gipfel mit dem Weitblick und der Freude über das Geleistete belohnt. Wer darauf wartet, bis er Lust hat, sich zu bewegen, und bis zum Erscheinen der Lust still vor sich „hindämmert", der wartet vergeblich. Wird das Lusthaben-Prinzip zum alleinigen Maßstab von Entscheidungen, geht viel von jenen Werten verloren, für die es sich zu leben lohnt.

Wer die Lust in den Mittelpunkt stellt, muss damit rechnen, dass sich die Unlust ständig selbst einlädt. Unlust löst innere Leere und Übellaunigkeit aus. Vom spanischen Denker José Ortega y Gasset stammt der Gedanke, dass hartnäckige Übellaunigkeit ein sicheres Zeichen dafür ist, dass man gegen seine Bestimmung lebt.

Statt vor der Unlust zu fliehen, könnten wir mit Freude die Fülle leben.

15

„Der Humor ist eine Waffe der Seele
im Kampf um ihre Selbsterhaltung,
ist es doch bekannt, dass der Humor
wie kaum sonst etwas im menschlichen
Dasein geeignet ist, Distanz zu schaffen
und sich über die Situation zu stellen,
wenn auch nur für Sekunden."

HUMOR BELEBT

Distanz schaffen haben die meisten im Verlauf der Corona-Pandemie geübt. Besonders in der ersten Phase haben mich Ideen zum Lachen gebracht. Ein kreativer Witzbold hat Delfine in ein Foto von Innsbruck hineinkopiert. „Die Delfine sind zurück", lautete der Kommentar. Für Sekunden habe ich herzlich gelacht, die einschränkenden Rahmenbedingungen haben sich nicht verändert, doch meine Stimmung.

Viktor Frankl schreibt, dass Optimismus auf Befehl nicht möglich ist, weil niemand „hoffen wollen" kann. Der Humor ist keine Methode, mit dessen Hilfe wir konkrete Probleme lösen. Der Humor ist eine innere Haltung und prägt unsere Einstellung, wie wir mit Missgeschicken umgehen. Mithilfe des Humors können wir die Haltung einer heiteren Gelassenheit einüben und uns vom verbissenen Festhalten bestimmter Ergebnisse befreien.

Als besonders hilfreich hat sich eine Frage von Viktor Frankl im Umgang mit seelischem Unbehagen erwiesen. Sie lautet: „Muss ich mir alles von mir gefallen lassen? Jetzt schau ich, wer stärker ist, ich oder mein Ärger?" Mit dieser Frage kann ich meinem Ärger gegenübertreten und entscheiden, wie ich etwas anspreche." Dabei geht es keineswegs darum, Gefühle zu vermeiden, sondern sich nicht von ihnen überfahren zu lassen. Dem Ärger, der Empörung oder dem Selbstmitleid mit dieser Frage entgegenzutreten, eröffnet nicht nur eine andere Sicht. Man könnte den Auslöser des Ärgers entdecken und die Fülle neuer Möglichkeiten, die sich ergeben.

16

„Ganz Mensch ist der Mensch eigentlich nur dort, wo er aufgeht in einer Sache, ganz hingegeben ist an eine andere Person.
Und ganz selbst wird er, wo er sich selbst vergisst.“

IN EINER SACHE AUFGEHEN

In einer Sache aufgehen bedeutet nicht untergehen oder zu kurz kommen! Im Gegenteil, wer in einer Sache aufgeht, wird beschenkt. Die Geschenke heißen Begeisterung, Lebensfreude und Dankbarkeit. Aufgehen bedeutet Einlassen auf das, was mich in der Tiefe berührt. In der Begeisterung sind der Mut, die Kraft und die Ausdauer zu finden, die nötig sind, um Ideen in Taten zu verwandeln. Zieht mich etwas an, bin ich bereit, Mühe auf mich zu nehmen, denn Begeisterung lässt der Bequemlichkeit keinen Raum für Gleichgültigkeit und der Ratio kein Veto für Verdacht und Abwertung.

Selbstvergessenheit erleben manche Menschen in der Freude am Spiel, im Lesen eines Buches oder bei hingebungsvoller Gartenarbeit. Im Hingeben verblassen alle Vorsichtsmaßnahmen, welche berechnende Pessimisten aufzählen. Argumente, was alles auf der Strecke bleibt, sind wirkungslos, wenn man sich intensiv einer Sache widmet. Die Freude am Tun belebt und inspiriert alle, die für eine gute Sache brennen.

Mich hat der Mensch Viktor Frankl und seine Sinnlehre auf außergewöhnliche Weise begeistert und das Lesen seiner Bücher und Hören seiner Vorträge war wie ein Sog, dem ich mich gar nicht entziehen konnte und auch nicht wollte.

Als ich begann, mit anderen die Sinnlehre zu teilen, verlor ich in der Vorbereitung für ein Seminar jedes Gefühl für Zeit. Im Seminar selbst habe ich vor lauter Intensität auf Pausen vergessen. Diese Hingabe hat mein Leben mit Sinn erfüllt.

17

„Die Religiosität stellt mindestens so sehr wie die Liebe eine wahre Intimität dar; sie ist dem Menschen ‚intim' im doppelten Wortsinn: Sie ist ihm ‚zuinnerst' – und sie steht, gleich der Liebe, unter dem Schutz der Scham. Auch echte Religiosität verbirgt sich, um ihrer Echtheit willen, vor aller Öffentlichkeit; sie verbirgt sich, um sich nicht zu verraten."

DER RELIGIOSITÄT VERBUNDEN SEIN

Religion kommt von ihrem Ursprung her aus dem Lateinischen und bedeutet Anbindung oder Rückbindung an etwas Göttliches oder an das Leben selbst. Religiosität ist eine besondere menschliche Fähigkeit, die dem Menschen „innewohnt", und hat wenig mit dem Befolgen bestimmter konfessioneller Traditionen zu tun. Als wahre Intimität beschreibt Viktor Frankl Religiosität. Den Wert dieser Intimität würdigen wir, indem wir Menschen und ihren Handlungen vertrauen. Vor allem sollten wir aufhören, uns gegenseitig zu verdächtigen. Der Verdacht ist die unerträgliche Bewertung von außen, welche den Menschen nur am exakten Einhalten der Gebote misst.

Das Befolgen von Geboten, welche die Basis der meisten religiösen Gemeinschaften darstellen, wird oft mit dem Versprechen auf ein glückliches Leben in Verbindung gebracht. Vermutlich ist daraus die verbreitete Meinung entstanden: Wer alles befolgt, was vorgeschrieben ist, dem wird nichts passieren, er hat Erfolg und gesund bleibt er auch. In dieser Haltung werden nicht nur Schicksalsschläge, sondern auch kleine Missgeschicke als Ursache eigenen Fehlverhaltens bewertet.

Moralische Maßstäbe setzen Normen voraus, da fehlt das Staunen. Im Staunen drückt sich die Ehrfurcht vor dem Leben aus und das wunderbare Berührtsein von Mensch und Natur.

Im weiteren Sinn gehören auch Rituale zur Religiosität eines Menschen. Sie stellen äußere Zeichen für inneres Berührtsein dar, sie ergänzen das Erlebnis, aber ersetzen können sie es nicht.

18

„Solange Furcht vor Strafe, Hoffnung auf Lohn oder der Wunsch, dem Überich zu gefallen, menschliches Verhalten bestimmen, ist das wirkliche Gewissen noch gar nicht zu Wort gekommen.“

AUF DIE INNERE STIMME HÖREN

Manche Sinnimpulse von Viktor Frankl führen zwar nicht direkt in die Kraft, die aus der Tiefe kommt, doch sie dienen als Wegweiser. Furcht vor Strafe bedeutet im Älterwerden ja nicht, mit Strafaufgaben – wie zur Schulzeit – zu rechnen. Strafe steht hier zum Beispiel für das „Nicht-mehr-Dazugehören", sofern man etwas sagt, was anderen nicht gefällt. Hoffnung auf Lohn besteht nicht mehr aus guten Noten, sondern weist auf die Sehnsucht hin, als Mensch gesehen zu werden. Der Wunsch, zu gefallen, hat viele Jahre mein Verhalten geprägt und ich habe nicht nur geschriebene, sondern auch ungeschriebene Regeln befolgt, die mir Kraft geraubt haben.

Das Gewissen ist in der Logotherapie jene innere Stimme, die mich auf meiner persönlichen Sinnsuche leitet. Während eines Spaziergangs kam mir die Idee, diesen Gedanken von Viktor Frankl – der für mich ein Wegweiser ist – in eigenen Worten auszudrücken: „Solange ich mir bewusst bin, was ich kann, Grenzen wahrnehme, die mir mein Körper und meine Seele melden, und ich dem Leben vertraue, höre ich auf mein Gewissen!"

Beherzige ich diesen roten Faden, dann erlebe ich nicht nur die Kraft aus der Tiefe, sondern eine intensive Lebendigkeit, die mich mit kreativen Ideen beschenkt. Manchmal geschieht dies mitten im Gespräch, mir fällt ein Gedanke ein und sofort behauptet mein Verstand: Das passt doch nicht zum Thema. Der Mut, auf diese leise innere Stimme zu hören und auszusprechen, was mir zufiel, hat andere und mich sehr oft überrascht.

19

„Es gibt keine wertfreie Psychotherapie, sondern höchstens eine wertblinde. Und sie ist dann wertblind, wenn sie geistlos ist, denn so wie es einstmals eine Psychologie ohne Seele gegeben hat, so gibt es auch jetzt noch eine Psychotherapie ohne Geist.“

WERTVOLLES ANSPRECHEN

Was verstehen wir heute unter wertblind? Seit vielen Jahren hören wir besonders in salbungsvollen Reden, dass wir Werte brauchen. Doch Worte verwandeln sich nicht in Wertvolles, nur weil sie jemand ausspricht. Wertblind ist ein Mensch, der von Verständnis spricht, Mitgefühl heuchelt, jedoch jede Form von Betroffenheit vermissen lässt. Erst die Betroffenheit, die unter die Haut geht, lässt Menschen Werte erspüren und verwirklichen. Wertblind wird eine Therapie, die ausschließlich das Funktionale im Blick hat und Menschen fit machen möchte für ein System, das krank macht.

Was ist eigentlich geistlos? Die Begriffe Wert und Geist sind geradezu eine Einladung für Missverständnisse. Sehr oft denken Menschen, Geist und Verstand seien identisch. Das stimmt nicht. Allerdings werden wir keine befriedigende Erklärung finden, um Unterschiede zwischen Geist und Verstand zufriedenstellend zu beantworten. Nehmen wir als Beispiel den Wert Vertrauen. Eine Atmosphäre, die Vertrauen weckt, lässt sich nicht durch Rezepte herstellen. Vertrauen lebt mehr von dem, was ein Mensch ausstrahlt, als von dem, was er sagt. Sehr oft verrät das Gesicht eines Menschen die Stimmung seines Herzens.

Wer seine Interessen in die Tat umsetzen möchte, braucht einen Spielraum individueller Freiheit. Der Mut, der dazu erforderlich ist, baut auf das Vertrauen.

Viktor Frankl hat die geistige Dimension als die eigentlich menschliche angesehen. Dieses Menschsein zeigt sich in der Fähigkeit zum Mitfühlen und Mitfreuen.

20

„Wenn der Mensch in dieser
Reizüberflutung durch die
Massenmedien bestehen will,
muss er wissen, was wichtig ist
und was nicht, was wesentlich ist
und was nicht, mit einem Wort,
was Sinn hat und was nicht."

Diese Gedanken hat Viktor Frankl dreißig Jahre vor der Einführung des Internets geschrieben. Er erinnert uns, Unterscheidungsfähigkeit und Selbstachtung zu pflegen. Selbstachtung kann auch darin bestehen, nicht alles zu lesen, was ins Haus flattert, und nicht jede Empörung zu teilen, die über soziale Medien auf unserem Handy Einlass findet. Die Achtung vor sich selbst kann man auch verlieren, indem man eine innere Grenze unbemerkt überschreitet. Dies geschieht im Schauen von Videos und Weitersenden von Beiträgen, welche die Stimmung emotional aufheizen und menschliche Würde verletzen.

Das World-Wide-Web ist auf technischen Geräten permanent anwesend und hat sich in unsere Köpfe geschlichen. Wir brauchen dringend einige Nachhilfestunden in kritischer Nachrichten- und Medienkompetenz. Oft werden tatsächliche Vorkommnisse mit emotionaler Propaganda aufgeladen, um Klicks zu erzielen. Die großen Firmen zählen, wie lange wir ein Bild oder Video anschauen, und liefern sofort mehr vom selben. Wir sind nicht nur mit einer Reizüberflutung konfrontiert, sondern mit einer Technologie, die viel mehr über uns weiß als wir über sie.

Eine gesunde Skepsis tut not. Wem oder was schenke ich wie viel meiner Lebenszeit? Mein Erleben ist dort, wohin ich meine Aufmerksamkeit richte. Dies gilt nicht nur für technische Geräte, die global vernetzt sind, sondern auch für die Anwesenheit von Menschen und die Inhalte der Gespräche, die wir führen.

21

„Wir können sagen: Durch Beteuerungen
gewinnt man kein Vertrauen zu uns,
sondern nur durch Handlungen;
handeln wir wie anständige Menschen
innerhalb des Kreises, der jedem
Einzelnen von uns gesteckt ist,
und die anderen werden alsbald wissen,
was an uns ist."

ANSTÄNDIG SEIN

Mit Gedanken und Worten pflanzt man keinen Baum. Empfehlungen, man solle sich in Gedanken genau vorstellen, was man erreichen will, sind sinnlos, wenn notwendige Fähigkeiten zur Umsetzung fehlen. Dies gilt auch für Wesenseigenschaften. Oft habe ich mich vergeblich bemüht, weniger spontan zu sein. In dem Moment, wo ich mein Herz auf der Zunge trage, bin ich sehr direkt. Dann trete ich für einen Wert ein, der mir am Herzen liegt, und ich verhalte mich nicht so, wie es der Anstand verlangt oder andere es sich wünschen.

Der Kreis unserer Handlungsfähigkeit ist begrenzt, dennoch bietet jeder neue Tag eine Fülle an Möglichkeiten und die meisten Menschen in unserer Gesellschaft können wählen, für welche Handlungen sie sich entscheiden. Was heißt anständig sein? Sich jenem Menschsein zu widmen, welches nicht nur die eigene Meinung gelten lässt, sondern auch andere Standpunkte respektiert. Akzeptanz im Umgang mit Tatsachen ist besonders für die Anständigen schwierig, denn sie tun sich schwer, das Böse als solches zu erkennen. Zur Anständigkeit gehört auch zu wissen, wann Klarheit angesagt ist. Anständigkeit zu leben, ist herausfordernd und

Hermann Hesse hat recht, wenn er schreibt, dass ein anständiger Mensch keinen Schritt tut, ohne Feinde zu bekommen.

Ein Mensch, der ganz echt ist, lässt sich nicht stilisieren, sondern folgt dem, was ihm am Herzen liegt. Vielleicht lernt er die Macht der Akzeptanz kennen, jene Weisheit, die Gelassenheit ohne Gleichgültigkeit kennt.

22

„Es kann jedoch nicht genug hervorgehoben werden, dass das Leiden keineswegs notwendig ist, um einen Sinn zu erfüllen, wenn auch sehr wohl gilt, dass die Erfüllung eines Sinnes möglich ist auch trotz eines Leidens, vorausgesetzt, dass das Leiden unvermeidlich ist."

TROTZDEM-SAMEN SÄEN

Innere Befreiung von gängigen Meinungen könnten wir in vielen Texten von Viktor Frankl entdecken, beherzigen und verwirklichen. Verbreitet ist die Überzeugung: Wer krank wird, ist selbst schuld, denn er hat sich nicht gesund ernährt und zu wenig für seine Fitness getan. Der Verdacht, man hätte sich zu wenig bemüht, um Missgeschicke und Erfolglosigkeit zu vermeiden, ist allgegenwärtig. Die Auffassung, das Gelingen des eigenen Lebens liege ausschließlich an einem selbst, ist nicht nur ein Mangel an Realitätsbewusstsein, sondern Überheblichkeit.

Obwohl es viele kluge Leute gibt, die sich mit der Frage auseinandersetzen, warum wir Leid erleben, gibt es keine menschenwürdige Begründung. Um Leidvolles zu bewältigen, ist viel Lebenserfahrung notwendig und diese Weisheit finden wir nicht in oberflächlichen Ratgebern, sondern in den „Trotzdem-Samen", die in der Kraft der Tiefe schlummern. Welcher Gedanke taucht als Erster auf, wenn Sie hören, dass ein lieber Freund an Krebs erkrankt ist? Warum ausgerechnet er, er hat doch so gesund gelebt? Die Frage nach dem Warum ist eine logische Folge und verständlich. Doch sie hilft uns ebenso wenig weiter wie die Suche, im Leiden selbst einen

Sinn zu finden. Das macht die meisten Menschen zum Opfer. Sich bewusst zu werden, dass es nicht um Schuldzuweisungen geht, könnte zur Verantwortung befreien. Trotz schwerer Zeiten das eigene Leben sinnvoll zu gestalten, liegt im Aufspüren dessen, was trotzdem möglich ist.

23

„Für gewöhnlich sieht der Mensch nur das Stoppelfeld der Vergänglichkeit; was er übersieht sind die vollen Scheunen der Vergangenheit. Im Vergangensein ist nämlich nichts unwiederbringlich verloren, vielmehr alles unverlierbar geborgen.“

DIE VOLLEN SCHEUNEN DER VERGANGENHEIT

„Alles Gescheite ist schon gedacht worden, man muss nur versuchen, es noch einmal zu denken." Dieser Gedanke von Johann Wolfgang von Goethe ist eine liebenswürdige Einladung, über dieses Zitat von Viktor Frankl in Ruhe nachzudenken.

In einer „Land der Berge"-Sendung des ORF wurde Viktor Frankl von Reinhold Messner gefragt, wie er damit fertig werde, wenn er eines Tages den Mount Everest besteigen möchte, aber körperlich nicht mehr dazu in der Lage ist. Viktor Frankl fand auf seine unnachahmliche Art klare Worte: „Sie haben es doch erlebt. Was Sie erlebt haben, kann Ihnen keine Macht der Welt rauben. Was wollen Sie denn mehr?"

Die Grenzen unseres Menschseins schränken Möglichkeiten ein. Ob man jammert oder sich an Wertvolles erinnert, entscheidet jede und jeder selbst.

Im Gespräch mit einer Frau im 85. Lebensjahr erlebte ich staunend ihre Sichtweise: „Wissen Sie, Viktor Frankl muss ein sehr kluger Mann gewesen sein. Das Bild der vollen Scheunen befreit mich, den Wunsch meiner Kinder zu erfüllen. Sie verlangen von mir, ich solle nach vorne schauen und nicht immer in alten Erinnerungen wühlen. Meine Erinnerungen sind meine vollen Scheunen und ich bin weit davon entfernt, Vergangenheitsverklärung zu betreiben. Mir ist sehr bewusst, dass in meiner vollen Scheune auch viele Enttäuschungen und reichlich Leid zu finden sind. Trotzdem ist vieles gut gewesen und wenn ich genau schaue, dann ist sogar sehr viel Gutes dabei, und ich freue mich in diesem Moment, wenn ich daran denke."

24

„Bevor wir Menschen anklagen,
haben wir uns immer erst zu fragen,
wieweit die Zeit anzuklagen ist.“

OFFEN SEIN STATT ANKLAGEN

Für mich wurde dieser Gedanke zu einem Schlüsselsatz in meinem Leben und hat meine Bereitschaft, andere Menschen zu verstehen und befremdliche Sichtweisen anzuhören, wesentlich erhöht. Der Anlass, in die Sinnlehre von Viktor Frankl einzutauchen, war mein Wunsch, mehr Verständnis für meine Mutter und ihre Lebensweise aufzubringen. Im Jahr 1927 geboren, wurde sie in ihrer Schulzeit mit einer Lehre konfrontiert, welche die Freiheit zur eigenen Verantwortung negiert hat. Verantwortung wurde durch ein Pflichtbewusstsein ersetzt, welches von einer erschütternd einseitigen Sicht auf die Vielfalt menschlichen Daseins geprägt gewesen ist. Helmut Schmidt, der ehemalige deutsche Bundeskanzler, bezeichnete dieses Pflichtbewusstsein als Tragödie und für die Lebenseinstellung meiner Mutter war diese Art von Pflichterfüllung im wahrsten Sinn eine, denn sie hatte in ihrer Jugend gelernt, Forderungen ernster zu nehmen als ihr Empfinden und hat diese auch mit Disziplin erfüllt.

Angeregt durch das Zitat von Viktor Frankl begann ich mich für die Zeit, in der meine Mutter ihre Jugend verbracht hat, noch intensiver zu interessieren. Neben der Logotherapie inspirierten und ermutigten mich Texte von Erika Pluhar, Václav Havel und Dietrich Bonhoeffer.

Unter dem Titel „Von guten Mächten“ hat Verena Carl in der deutschen Wochenzeitung DIE ZEIT im Februar 2022 über meine Mutter und mich einen Artikel verfasst: „*‚Meine Mutter war ja nicht dumm im intellektuellen Sinne, aber sie hat sich verrannt wie so viele. Ich wollte sie nur verstehen, ihr keine Vorwürfe machen. Weder für ihre Jugend in der Nazizeit noch für meine Lebenssituation.‘ In den Briefen, die sich Mutter und Tochter regelmäßig schreiben, zitiert Inge schon damals immer wieder den Widerstandskämpfer [Anmerkung: Gemeint ist Dietrich Bonhoeffer]. Zum Beispiel diesen Satz: ‚Wenn man nicht mehr weiß, was man sich und anderen schuldig ist, steht das Chaos vor der Tür.‘ Das erscheint ihr nicht nur politisch, sondern auch privat bedeutsam. ‚Meine Mutter hat sich oft kleinmachen lassen vom Rest der Familie. Ihre Tanten haben ein strenges Regiment geführt, niemand konnte es ihnen recht machen, meine Großmutter nicht, meine Mutter und ich schon gleich gar nicht. Oft habe ich ihr gesagt: Diese Generation hat dir genügend Prügel vor die Füße geworfen, und wenn sie jetzt weiter auf dir herumhacken, dann haben sie deine Zuwendung auch nicht verdient.‘ Der Mutter fällt es schwer, den Rat umzusetzen, schwer, für sich einzustehen.*“

Für Dinge, die mir am Herzen lagen, einzustehen, dazu hatte ich oft den Mut und genau diesen habe ich meiner Mutter so sehr gewünscht, und zwar ohne die bange Frage, ob dies anderen gefällt. Das Leben meiner Mutter war nicht nur von einem fehlgeleiteten Pflichtbewusstsein geprägt, sondern auch von Angst und einer seelischen Verwundbarkeit, die über alle Erklärungen und auch über die Möglichkeit der Heilung hinausgehen. Durch die Sinnlehre von Viktor Frankl war es mir möglich, ihr in den letzten Jahren ihres Lebens verständnisvoller zu begegnen und zu versuchen, ihr meine Dankbarkeit zu zeigen für all das, was sie für mich getan hat.

25

„Ich bitte um Verständnis, aber ich halte es für das geringere Übel, einen geschätzten Menschen zu verletzen als das eigene Gewissen."

DAS GEWISSEN PFLEGEN

Im Gewissen sieht Viktor Frankl das Organ, welches Menschen auf ihrer Suche nach Sinn leitet und keine Norm, die einem Menschen sagt, was er zu tun oder zu lassen hat. Das Gewissen im Sinn der Logotherapie äußert sich im Selbstverständnis, welches im Menschen wohnt, und dieses bringen Kinder mit auf die Erde. Um Echtheit und Authentizität wahrzunehmen, sind keine Erklärungen nötig. Die Pflege des Gewissens ist allerdings eine sehr herausfordernde Aufgabe. In vielen meldet sich diese innere Stimme sehr leise, jedoch verlässlich und ausdauernd. Dieses Navigationssystem orientiert sich an Werten, die wir in uns tragen. Manchmal warnt es uns, wenn wir Wegweisern gefolgt sind, die überwiegend fremdbestimmt waren, weil wir einem gesellschaftlichen System gedient haben, das vergessen hat, dass Menschen keine Maschinen sind.

Im Alten Testament steht im Buch Exodus der Satz: „Ich bin Jahwe, dein Gott, der dich aus Ägypten geführt hat, aus dem Sklavenhaus." Ägypten steht nicht nur für körperliche Versklavung, sondern auch für die Gefangenschaft der eigenen Meinung. Herausgeführt! Dieser Gedanke steht *vor* den Zehn Geboten. Zur Freiheit des Gewissens gehören nämlich Verantwortung, Mitgefühl und der Sinn für Gerechtigkeit. Also kennt eine Entscheidung aus dem persönlichen Gewissen auch die Freiheit anderer an und trotzdem schreibt Viktor Frankl, dass es ein geringeres Übel sei, einen geschätzten Menschen zu verletzen als das eigene Gewissen.

Ganz bestimmt sind Gewissensentscheidungen keine Freibriefe, um Selbstdarstellung zu zelebrieren und andere zu verletzen. Wo es um nichts mehr geht und schamlos jede menschliche Regung zur Schau gestellt wird, hat sich das Gewissen – wie Viktor Frankl es versteht – längst verabschiedet.

Gerade dort, wo Verdächtigungen beliebig verwendet werden und am Ende die Floskel, man habe es ja nicht so gemeint, jedes echte Empfinden zermalmt, dort ist unser Gewissen gefragt. Wer auf sein Gewissen hört, geht das Risiko ein, Zustimmung zu verlieren, und meistens wird er auch mit unliebsamen Konsequenzen konfrontiert.

Familiär, beruflich und privat habe ich mich aufgrund mancher Gewissensentscheidungen zur Zielscheibe von Empörung gemacht. Trost und Schutz fand ich selten bei anderen Menschen, sondern in diesem Phänomen einer zentralen Ordnung, mit der ich in Resonanz stehe. Für mich ist mein Gewissen der Ort jener Gewissheit, an dem ich geliebt werde und nichts zu befürchten habe.

QUELLENNACHWEIS

Die in diesem Buch verwendeten Zitate von Viktor E. Frankl wurden wegen der Einheitlichkeit der Schreibweise entsprechend der Neuregelung der deutschen Rechtschreibung angepasst und stammen aus folgenden Büchern:

Seite 9, 13, 25, 29, 33, 37, 53, 89, 101:
Gesammelte Werke, Teilband 2: Psychologie des Konzentrationslagers. Synchronisation in Birkenwald. Ausgewählte Texte 1945–1993. Herausgegeben von A. Batthyány, K. Biller und E. Fizzotti, Wien 2006, Verlag Böhlau.

Seite 17:
Gesammelte Werke, Teilband 3: Die Psychotherapie in der Praxis und ausgewählte Texte über angewandte Psychotherapie. Herausgegeben von A. Batthyány, K. Biller und E. Fizzotti, Wien 2008, Verlag Böhlau.

Seite 21, 45, 49:
Gesammelte Werke, Teilband 4: Ärztliche Seelsorge. Grundlagen der Logotherapie und Existenzanalyse und Vorarbeiten zu einer sinnorientierten Psychotherapie. Herausgegeben von A. Batthyány, K. Biller und E. Fizzotti, Wien 2011, Verlag Böhlau.

Seite 41, 61, 81:
Logotherapie und Existenzanalyse. Texte aus sechs Jahrzehnten, Weinheim 1998, Verlag Beltz.

Seite 57, 69, 73, 85:
Gesammelte Werke, Teilband 5: Psychiatrie und Religion. Über das Grenzgebiet zwischen Seelenheilkunde und Glauben. Herausgegeben von A. Batthyány und K. Biller, Wien 2018, Verlag Böhlau.

Seite 65, 105:
Gesammelte Werke, Teilband 1: Trotzdem Ja zum Leben sagen. Ausgewählte Briefe (1945–1949). Herausgegeben von A. Batthany, K. Biller und E. Fizzotti, Wien 2005, Verlag Böhlau.

Seite 77:
Der Wille zum Sinn, München 1996, Verlag Piper.

Seite 93:
Die Sinnfrage in der Psychotherapie, München 1996, Verlag Piper.

Seite 97:
Der Mensch vor der Frage nach dem Sinn, München 2002, Verlag Piper.

Wir danken dem Verlag Vandenhoeck & Ruprecht / Böhlau, Göttingen, für die freundliche Abdruckgenehmigung aus Frankls Gesammelten Werken und den Erben von Viktor E. Frankl für die Erlaubnis, aus den vergriffenen Werken zu zitieren.

VIKTOR E. FRANKL (1905–1997), Professor für Neurologie und Psychiatrie an der Universität Wien, war Inhaber von 29 Ehrendoktoraten und seine Bücher wurden in viele Sprachen übersetzt. In der therapeutischen Arbeit des Wiener Arztes und KZ-Überlebenden nahm die Suche nach dem Sinn einen großen Platz ein. Seine Logotherapie ist mittlerweile weltweit verbreitet und anerkannt. Frankl war auch ein exzellenter Bergsteiger. Sein Buch „Bergerlebnis und Sinnerfahrung" ist in der 7. Auflage bei Tyrolia noch erhältlich.

INGE PATSCH, geb. 1952, hat das Tiroler Institut für Logotherapie und Existenzanalyse nach Viktor E. Frankl (TILO) in Axams gegründet und über viele Jahre geleitet. Die Logotherapeutin mit eigener Praxis hält zahlreiche Vorträge und Seminare im In- und Ausland. Bei Tyrolia sind von ihr erschienen: „Logik des Herzens" (2011 sowie 2014 als Topos Taschenbuch), „Mich in meinem Leben finden" (2019).

MIX
Papier aus verantwortungsvollen Quellen
FSC® C106954
www.fsc.org

Nachhaltige Produktion ist uns ein Anliegen; wir möchten die Belastung unserer Mitwelt so gering wie möglich halten. Über unsere Druckereien garantieren wir ein hohes Maß an Umweltverträglichkeit: Wir lassen ausschließlich auf FSC®-Papieren aus verantwortungsvollen Quellen drucken, verwenden Farben auf Pflanzenölbasis und Klebestoffe ohne Lösungsmittel. Wir produzieren in Österreich und im nahen europäischen Ausland, auf Produktionen in Fernost verzichten wir ganz.

Mitglied der Verlagsgruppe „engagement“

Umschlaggestaltung: Tyrolia-Verlag, Innsbruck, unter Verwendung eines Bildes von Jay_Zynism@iStock
Layout und digitale Gestaltung: Tyrolia-Verlag, Innsbruck
Druck und Bindung: Florjančič, Maribor
ISBN 978-3-7022-4062-2
E-Mail: buchverlag@tyrolia.at
Internet: www.tyrolia-verlag.at